EQUIPO EDITORIAL

Edición: Emili López Tossas
Corrección: Àngels Olivera Cabezón
Maquetación y diseño de cubierta: Isaac Gimeno (lanada.org)

Primera edición: abril de 2025
ISBN: 979-13-87520-17-5
Depósito legal: B-2131-2025
1E1I

PAPEL DE FIBRA
CERTIFICADA

Isabella Pastor
Bojanovich

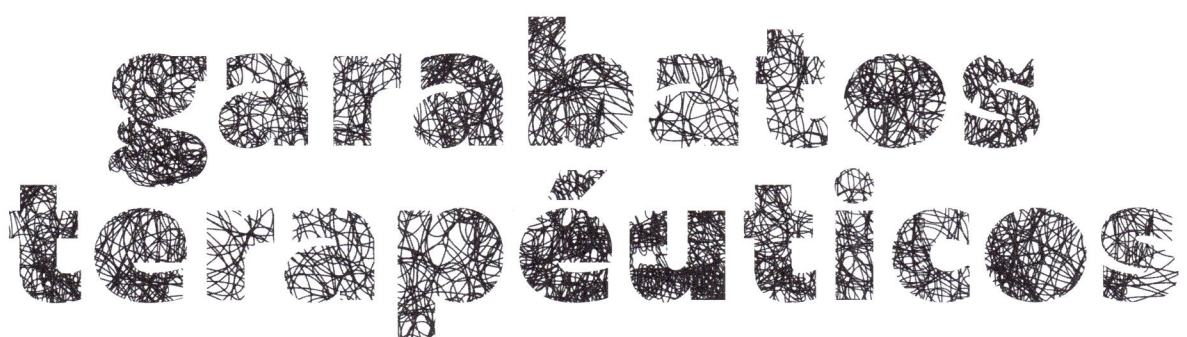

garabatos terapéuticos

para calmar
tu mente

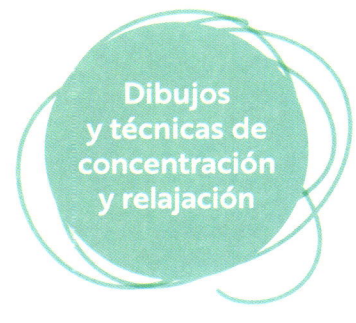

Dibujos
y técnicas de
concentración
y relajación

LAROUSSE

introducción

¿Por qué cuando nos sentamos a hablar por teléfono y hay papel y bolígrafo cerca empezamos a hacer dibujitos? O cuando asistimos a una clase o a una presentación, ¿por qué algo nos impulsa a subrayar palabras o a hacer todo tipo de trazos en los márgenes de la libreta? En estas situaciones, garabatear puede ser irresistible para la mayoría de las personas, y es algo inconsciente. Hacer garabatos es una forma natural de liberar estrés y ansiedad, mantener la atención y lidiar con la frustración, la ira, el aburrimiento o la preocupación. En realidad no pensamos en lo que hacemos, sino que simplemente nos sale de dentro expresarnos así.

Si bien hacer garabatos al azar puede resultar divertido o liberador, dependiendo del momento, existen formas conscientes de utilizar los garabatos para ayudarnos a regular las emociones y a calmar la mente. ¡Incluso pueden llegar a ser útiles para meditar si nos cuesta mucho hacerlo!

Este cuaderno propone diferentes ejercicios prácticos para disfrutar de los garabatos y darles una perspectiva terapéutica con el objetivo de calmar la mente.

Para mí son compañeros de vida, salvavidas y remedios de tinta y papel que me han aliviado las cargas emocionales y me hacen conectar con el presente. Y ahora transmito los beneficios de los garabatos terapéuticos para que todas las personas puedan conocer el placer de crearlos y la calma mental que se consigue con ellos.

El método de garabatos terapéuticos combina diferentes técnicas de arteterapia con técnicas de yoga, meditación, *mindfulness*, *qigong* y otras técnicas aprendidas y puestas en práctica que realmente pueden ser útiles en los momentos en que se necesita soporte emocional y alivio del estrés y de la ansiedad.

Los garabatos terapéuticos son una forma sencilla, divertida y creativa de practicar las técnicas de liberación emocional y de enfoque en el presente. A través de las diversas técnicas de garabatos terapéuticos se pueden obtener beneficios satisfactorios para la salud emocional y mental sin luchar contra uno mismo. Todo fluye de manera natural y provoca una motivación interna, un deseo de no detenerse, de sentir que se encuentra el lugar adecuado.

Espero que en este cuaderno de garabatos terapéuticos encuentres ese refugio especial para ti, para calmar tu mente, liberar tus cargas y expresarte de manera natural y libre. Gracias por querer sumergirte en el mundo de los garabatos terapéuticos que tanto me ayudaron a mí.

¡Hagamos garabatos!

Isabella Pastor Bojanovich

para empezar

¿QUÉ DIFERENCIA EXISTE ENTRE LOS GARABATOS Y LOS GARABATOS TERAPÉUTICOS?

Los garabatos son los trazos, líneas y dibujos simples que hacemos sin pensar sin ningún objetivo o intención consciente, con el fin de aliviar tensión, aburrimiento o estrés. Los garabatos terapéuticos combinan los trazos de diferentes formas y líneas con técnicas de arteterapia, meditación, *mindfulness* y terapias holísticas con la finalidad de emplearse como una herramienta para calmar los pensamientos, reducir la ansiedad y el estrés y, al mismo tiempo, producir una sensación de bienestar, libertad y apertura.

¿QUÉ MATERIALES NECESITO?

En este cuaderno puedes trabajar con cualquier material de arte que tengas en casa, aunque a continuación menciono algunas recomendaciones:

– **Lápices de color:** no compres los lápices más caros, ya que suelen ser muy suaves y dejan espacios en blanco. Para este tipo de ejercicios yo empleo lápices de colores escolares, ya que la mina suele tener la textura ideal.

– **Bolígrafo:** cualquier bolígrafo negro sirve. Si deseas comprar uno, recomiendo uno de tinta gel seca o *ball point*. El contacto con el papel es muy agradable y produce un sonido y una sensación suaves. Los de tinta líquida manchan el papel y los de tinta sencilla a veces tienen puntas muy afiladas que rompen el papel o producen una sensación desagradable al hacer trazos repetitivos.

– **Marcadores:** suelo usar marcadores de punta fina y secado rápido, ya que no traspasan el papel. Si usas marcadores de alcohol o similares, la tinta pasará a la siguiente hoja. Es mejor emplearlos en trabajos con cartulina o papel grueso. Otra opción que me encanta y recomiendo son los marcadores tipo acuarela, ya que tienen colores suaves y no traspasan. De todos modos, pruébalos antes de comprarlos, porque pueden variar según la marca.

– **Ceras:** amo las ceras... El olor, la suavidad, la posibilidad de combinarlas y superponerlas. Todas van muy bien. Si optas por las escolares, tócalas antes de comprarlas. No deberían ser muy duras, deben sentirse más bien cremosas. Las marcas profesionales y semiprofesionales, básicas y económicas son todas bienvenidas y su aplicación en estos ejercicios es muy similar.

– Rotuladores: si has visionado algunos de mis vídeos, casi siempre uso rotuladores calibrados. Los empleo en la mayoría de ejercicios, son de tinta negra y secan con mucha rapidez. Los hay de otros colores, pero recomiendo el negro, ya que resulta útil para todo. Un buen tamaño de punta es entre 0,3 y 0,5 mm.

Recuerda que estas son recomendaciones básicas y que puedes usar lo que tengas en casa. Los ejercicios de garabatos terapéuticos no requieren materiales específicos y no apuntan al resultado, sino a disfrutar y conectar con el proceso.

¿QUÉ SIGNIFICA HACER UNA «RESPIRACIÓN PROFUNDA»?

Una respiración profunda se hace por la nariz, tanto la inhalación como la exhalación. El aire entra lentamente y se lleva hacia las caderas, como si quisieras llenar tu cuerpo entero de aire y no solo los pulmones. Debes sentir cómo tu diafragma se mueve hacia abajo; notarás que el abdomen se expande ligeramente y sentirás cierta presión en las costillas. Exhala lo más poco a poco posible, como si fuera un fino hilo de seda.

¿QUÉ ES UN «GARABATO LIBRE»?

Consiste en hacer trazos sueltos, sin pensarlo demasiado, casi espontáneamente, dejando que tu mano baile por el papel como si fuera una pista de patinaje. El garabato libre se hace a un ritmo moderado, es decir, no demasiado lento ni tampoco muy rápido.

¿QUÉ PASA SI ME FRUSTRO?

Los ejercicios están enfocados en ayudar a calmarnos y regularnos; sin embargo, cada persona es única, y cargamos con tensiones y emociones diferentes que pueden ser activadas con algunas técnicas. Por ejemplo, repetir líneas horizontales, para la mayoría de personas, resulta relajante. Sin embargo, si nos exigimos que las líneas sean exactamente horizontales, sin inclinarse, ni cruzarse, ni temblar... la frustración aparece debido al perfeccionismo. El perfeccionismo nos frustra porque lleva a la mente al resultado y a la expectativa. Si te frustras, acéptalo. Di «Esto me frustra, pero está bien, puedo sentirme así» y continúa, simplemente enfocándote en disfrutar del ejercicio. El secreto está en lo que te repites. Si te das cuenta de que tu mente critica una y otra vez tus garabatos repitiendo cosas como: «Esto no me sale bien, qué feo está quedando, uf, realmente soy pésimo en el dibujo», respira profundo y repite cosas como: «Me enfoco en disfrutar, esto es todo un reto, pero puedo hacerlo, esta es mi manera de hacerlo y eso está bien». Verás como el perfeccionismo va disminuyendo a medida que sigas creando. El arte y la creatividad son unos poderosos antídotos contra el miedo y el perfeccionismo.

¿SE PUEDE USAR UN LÁPIZ?

Puedes usar lápiz al inicio, para perder el miedo (si es que lo tienes), pero recomiendo no emplear lápiz o bolígrafos que se puedan borrar, ya que lo ideal es permitirnos equivocarnos y aceptar esos pequeños «errores». Es una forma terapéutica de trabajar el perfeccionismo. En la vida los deslices no se borran, pero se pueden corregir, aceptar, modificar, perdonar o liberar.

¿CUÁNTAS PÁGINAS DEBERÍA HACER POR DÍA?

Puedes hacer todas las que quieras, dependiendo de cómo te sientas y cuánto tiempo quieras invertir. Algunos ejercicios implican más tiempo que otros, pero oscilan desde los 2 a los 30 minutos. Si has empezado un ejercicio y te lleva más tiempo de lo esperado, no te fuerces. Detente, descansa, sírvete una infusión, camina un poco y luego continúa. Incluso puedes hacer el ejercicio en diferentes días.

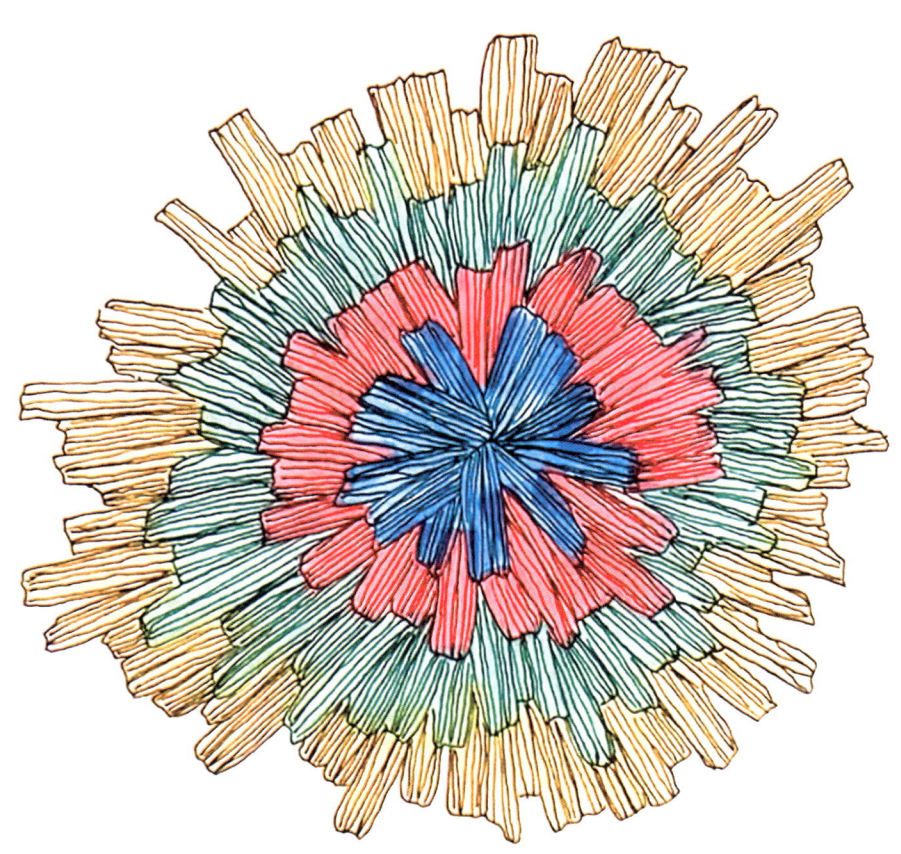

¿qué tipo de ejercicios hay en este cuaderno?

ESCANEO DEL CUERPO

Los ejercicios de este cuaderno se basan en técnicas de meditación y *mindfulness* que nos ayudan a conectar con el cuerpo, es decir, a explorar los efectos fisiológicos, las tensiones, el dolor, etc. Practicar este tipo de ejercicio (páginas 16-20) puede ayudarnos a conectar con una serie de emociones y sensaciones que solemos rechazar y que necesitamos aprender a aceptar para, finalmente, poder regularnos. Prestar atención (consciente y activa) al cuerpo y a sus sensaciones puede ayudarnos a reducir el malestar y la tensión física y emocional.

GARABATOS PARA LAS EMOCIONES

Se trata (páginas 21-38) de trazos simples y espontáneos que nos ayudan a expresar, explorar y regular las emociones utilizando el lenguaje no verbal. El lenguaje no verbal en los garabatos es el que nos permite usar las formas, los colores, las texturas y las composiciones para comunicar lo que sentimos sin usar palabras. Es una herramienta muy útil para ayudarnos a identificar lo que nos pasa, conectar con nuestras emociones e interpretarlas para así conocernos mejor y favorecer nuestra salud emocional.

DIBUJO DE FORMAS

Estos ejercicios (páginas 39-48) nos ayudan a mejorar la concentración y desarrollar la percepción, la coordinación y el equilibrio interno. Para conseguirlo, se utilizan trazos simétricos y orgánicos, que proporcionan calma y relajación al repetirse de forma rítmica. Son ideales para poder liberarnos de tensiones asociadas a la concentración, es decir, para dar espacio a un enfoque en equilibrio que nos permita relacionarnos de mejor manera con todo lo vinculado al aprendizaje.

BUCLES

Son como meditación en movimiento (páginas 49-60). Si te cuesta meditar de la manera habitual, esta es una alternativa excelente. Yo la uso mucho y los resultados son impresionantes. Con su fluidez y ritmo, ayudan a liberar tensiones emocionales, inducen un estado de calma y relajación similar al de la meditación y conectan al individuo con el momento presente llevándote a un estado de flujo. Esta práctica también fomenta la concentración y estimula la creatividad, que facilita el proceso de liberación de juicios y el perfeccionismo.

EJERCICIOS PARA
EL PERFECCIONISMO

Con estos ejercicios (páginas 61-79) podrás liberar tu expresión creativa y mejorar tu humor. A veces creemos que no podemos o no sabemos dibujar, o, tal vez, cuando éramos pequeños, alguna vez lo creímos, y este sentimiento ha permanecido hasta ahora en nuestro interior. Nunca es tarde para soltar ese tipo de limitaciones y empezar a liberar esa capacidad expresiva innata que cada uno de nosotros tenemos dentro.

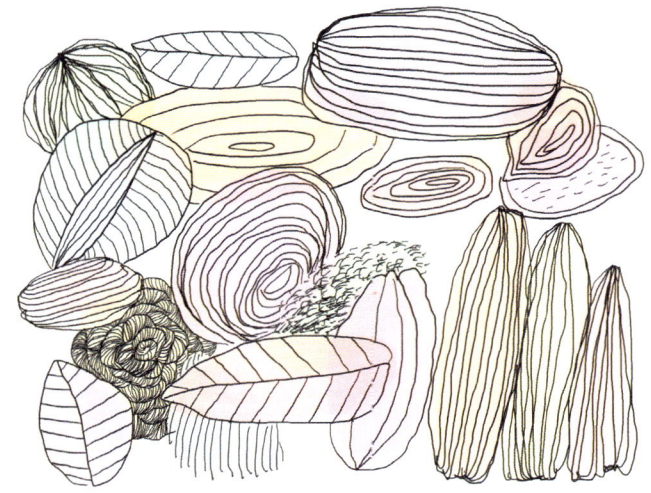

EJERCICIOS PARA LA
ATENCIÓN Y LA MEMORIA

Con estos ejercicios (páginas 80-95) trabajarás las memorias visual, asociativa y de trabajo de una manera lúdica y sencilla. Te ayudarán a mantener el enfoque, fomentando la atención plena y promoviendo la concentración en el momento presente. Algunos serán pequeños retos que con la práctica irás superando. Sus funciones terapéuticas activan tu cerebro y desarrollan el pensamiento creativo.

consideraciones que hay que tener presentes

- **No lo pienses tanto.** Es mejor empezar ahora que haber comprado este cuaderno y no usarlo, esperando «el momento ideal».

- **Experimenta con los materiales** que se han sugerido o los que tengas en casa y descubre cuáles te ayudan más a conectar con los ejercicios propuestos.

- **¡Empieza por donde quieras!** Los ejercicios no aparecen en orden.

- **No te agobies.** Si en algún ejercicio se indica que cierres los ojos y te das cuenta de que no logras hacerlo o abres los ojos una y otra vez, mantén los ojos abiertos si lo necesitas, pero procura no fijarte en el papel y el resultado.

- **Haz los ejercicios en cualquier momento y lugar.** No esperes a un momento a solas y en silencio. Lleva este cuaderno contigo y úsalo cada vez que lo necesites, bajo la sombra de un árbol, en el transporte, en la sala de espera del dentista o del médico. Es una buena alternativa a la pantalla, tanto para los jóvenes como para los adultos.

- **Suelta tus hombros, frente y mandíbula.** En estas zonas se acumula mucha tensión emocional. Cuando hagas tus garabatos, presta atención a si estás con los hombros encogidos, el ceño fruncido o la mandíbula apretada. Relájalos conscientemente y sigue adelante.

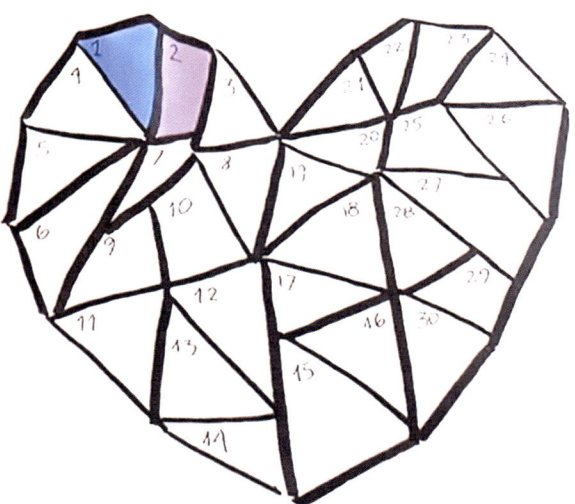

ejercicios

para calmar
tu mente

emociones en tu cuerpo

Esta silueta en forma de galletita de jengibre representa tu cuerpo. Toma tus lápices y añade todo lo que sientes en tu cuerpo en este momento. Pueden ser sensaciones agradables, desagradables, dolorosas, incómodas, relajantes, liberadoras... Inclúyelo todo; son válidos tanto los malestares físicos como los emocionales, ¡todo!

garabato de seguridad

Usa garabatos para crear un espacio visual que te haga sentir tranquilo y protegido.
Escoge los colores y las formas que necesites.

la emoción atrapada

¿Alguna vez has pensado que no eres capaz de expresar lo que sientes?
¿O que de alguna manera dentro de ti ha quedado alojada una emoción
que no logras sacar? Este es su espacio.

Empieza trazando líneas libres y sueltas, mientras respiras profundamente y expulsas
la tensión de tu cuerpo para transmitirla al papel. Luego pasa al siguiente ejercicio.

la caja

En la pequeña caja de la esquina se ha guardado esa emoción que no has logrado sacar. Imagina que la caja se abre y esa emoción es liberada. Usa colores y formas para liberarla sobre el papel.

Cuando hayas terminado, cierra los ojos unos instantes, respira expulsando el aire por la boca y bebe un poco de agua. Si has creado tu garabato de seguridad, puedes observarlo; si no lo has hecho, puedes crearlo ahora (ver página 92).

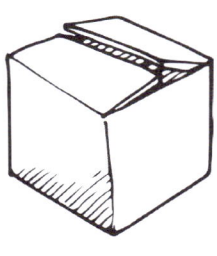

sonrisas

¿Cuál fue la última vez que dibujaste una carita feliz? ¡Este es nuestro momento! Garabatea sonrisas y ojos alegres en estas manchas. Verás que cada una adquiere una personalidad propia y única y, además, será inevitable sonreír mientras haces el ejercicio.

¿cómo te sientes hoy?

Cierra los ojos un minuto y percibe lo que sientes como si tuviera un tamaño, un color, una forma. ¿Cómo es? ¿Es grande, expansivo o pequeño, punzante? ¿Es denso, pesado o ligero, liviano? ¿Es oscuro o claro? ¿Se muestra como una gran masa o como pequeñas partes?

Cuando lo hayas percibido, represéntalo dentro o fuera del círculo.

la alegría y sus formas

¿Qué es lo primero que te viene a la mente cuando lees la palabra ALEGRÍA? La alegría se manifiesta de muchas maneras diferentes en nuestras vidas. Quizá la veamos reflejada en nuestras amistades, en nuestra familia, en el trabajo, en el deporte, en los juegos, en el arte. Pero la alegría también se presenta en colores y formas.

Abajo te dejo dos formas que para mí son alegría. ¿Cuáles puedes añadir?

jardín del garabato florido

Las flores simbolizan el optimismo y la amabilidad. En este jardín imaginaco todas las flores son bienvenidas. Busca tus ceras o marcadores y libera tu imaginación para crear las flores más bellas. Recuerda que el garabato más bello no es el que queda mejor, sino el que te permite conectar con tu interior, crear a pesar de los temores y, sobre todo, el que deja a un lado los prejuicios.

horizonte en calma

Las líneas horizontales evocan calma y estabilidad. Por eso, si tu mente está cargada de problemas y empiezan a aparecer la ira o la frustración, es buena idea pintar algunas líneas horizontales.

Escoge un color que te aporte calma y deja que tu mano vaya de lado a lado con suavidad. Aquí muestro cómo quedó mi garabato y reservo la página siguiente para el tuyo.

flor en capas

Esta flor es compañera de las tristezas. Completa sus capas con pétalos curvados y luego traza líneas de dentro hacia fuera, lentamente, mientras respiras con suavidad. Procura soltar la tensión que se acumule en tu mandíbula y hombros. Al final puedes añadir los colores que más te gusten.

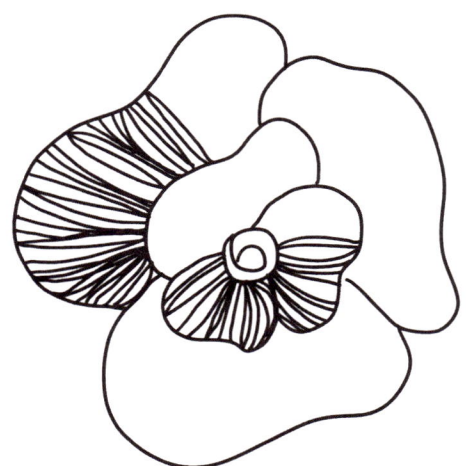

círculos abiertos

Este ejercicio es un pequeño liberador del perfeccionismo. El pavor en los rostros de las personas cuando les pides que dibujen un círculo es real porque cuesta que quede perfecto. Los círculos son maravillosos para la unión, la protección y lo eterno, pero también para la perfección.

Así que la propuesta para esta página consiste en trazar círculos abiertos. Usa uno o todos los colores que quieras, solo... ¡déjalos abiertos!

óvalo-flor

El óvalo representa el crecimiento y el renacimiento. En este ejercicio vamos a crear nuestro óvalo-flor: añade pétalos, formas libres y colores que representen esos aspectos de tu vida en los que quieres renacer.

Aquí tienes dos como ejemplo, pero no es necesario que se parezcan; puedes crearlo como tú quieras, no hay forma de hacerlo mal.

cielo de estrellas

¿No tienes ganas de hacer nada? Esta es una forma divertida para animarte. Crea tu propio cielo, lleno de estrellas.

planta un árbol

¿Cómo dibujabas árboles cuando tenías seis o siete años?
Si no lo recuerdas, prueba a imaginarlo y dibújalo aquí.

lazo de círculos

Crea un lazo de círculos por toda la página. Si adviertes que empiezas a ir demasiado rápido, respira profundamente y reduce la velocidad.

tornado de emociones

Si sientes ira, enojo o frustración, prueba este ejercicio. Aquí tienes el modelo, y toda la página siguiente para practicar. Es preferible utilizar lápices de color o ceras. Vamos a trazar un tornado de emociones intensas. En la base se halla la parte más intensa, donde surge y se moviliza. Traza la parte de abajo del tornado con movimientos rápidos y haciendo presión. A medida que asciendas, ve reduciendo la fuerza y la velocidad poco a poco hasta que hayas llegado a la parte más alta. Termina los últimos trazos lentamente y casi sin presionar. Respira hondo dos o tres veces.

mundo de espirales

Este ejercicio es uno de mis favoritos. Te ayuda a relajarte y liberar la mente de bloqueos. Tan solo empieza a garabatear espirales por todos los lados.

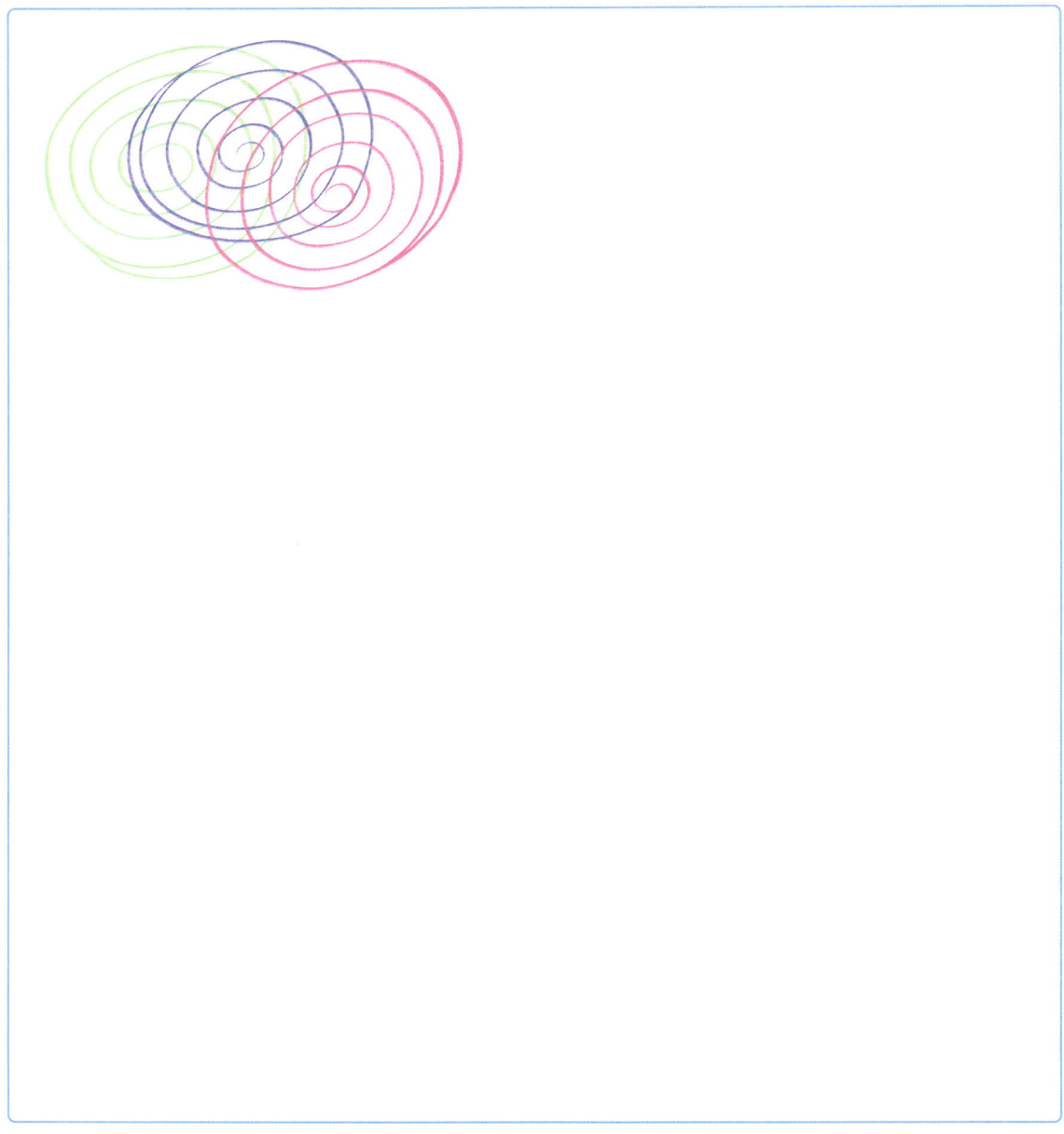

¿cómo se ve lo que sientes?

Cierra los ojos durante unos segundos e identifica qué emoción o emociones están presentes. Con tus bolígrafos o ceras, represéntalas en este espacio permitiendo que tu mano se mueva con libertad sobre el papel. No hay forma de hacerlo mal, todo es válido.

los colores de mis emociones

Las emociones no son buenas o malas, sino necesarias y válidas. En el espacio asignado a cada emoción, usa garabatos y colores que para ti las representen. Tómate unos minutos para estar con cada una de ellas.

Conectar con nuestras emociones nos ayuda a conocernos, aceptarlas como son y, poco a poco, aprender a regularlas cuando es necesario.

Ira

Alegría

Tristeza

Miedo

línea viva

Aquí tienes diferentes tipos de líneas. Cada una comunica algo diferente. Intenta repetir cada una hasta completar el espacio y, en la nube, escribe qué has sentido que comunica o expresa cada tipo de línea. Para mí, la línea horizontal comunica el silencio. ¿Y para ti?

ochos flojos

Más conocido como lemniscata o infinito, esta forma **ayuda a equilibrarnos y a inducir estados de calma y relajación.** ¡Pruébalo!

espejos verticales

Dibujar en reflejo promueve la activación lógica y creativa, fomentando un pensamiento más armonioso. Traza el reflejo de estas figuras.

espejos horizontales

Los reflejos horizontales pueden tener un efecto calmante; asimismo, promueven un estado de atención plena y tranquilidad mental.

espejos en curva

Este ejercicio juega con el equilibrio entre la simetría y la imaginación.
Traza el lado que falta en cada figura. No tiene que ser necesariamente
igual que el otro, puedes dejar volar tu imaginación si lo deseas.

hilos horizontales

Observa los patrones y completa el garabato.

el vientre

Este es un ejercicio de meditación maravilloso para momentos de ansiedad o temor. Hay que trazar la forma de infinito varias veces, elevando los lados de la figura y dejando un espacio en el centro que se denomina vientre. Inténtalo.

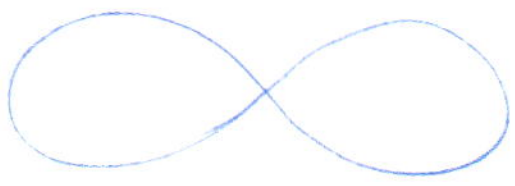

dibujo de formas

Reproduce el modelo después de haberlo observado con atención.
Presta atención a los pasos que crees que debes seguir para lograrlo.
Verás como vas mejorando.

la cruz y el infinito

Intenta trazar varias veces la forma de la cruz.
Observa la simetría de cada lado, tanto horizontal como vertical.

cruz y equis

Este ejercicio nos proporciona seguridad para experimentar y crear nuevas formas, e incluso funciona como un método sencillo para empezar a practicar los dibujos meditativos. Verás que entras en un ritmo mientras vas trazando, lo que contribuye a calmar tu mente y a traerte al presente.

la cruz de amor

Intuyes por qué se le llama así, ¿verdad? Practica en esta página y **traza la cruz con tres colores diferentes.** Empieza por el color amarillo, sigue con el naranja y finaliza con el rosa.

El amarillo siempre es la base, ya que, al ser claro, nos permite enmendar los pequeños desequilibrios que aparezcan al dibujarla. No es necesario borrar: el resultado es maravilloso y los pequeños «errores» le dan una luz especial al dibujo... y a la vida.

nudos

¿Cuál de estos nudos es tu favorito? Te dejo el paso a paso de cómo trazarlos. Repítelos abajo para practicar.

Pruébalo todo e identifica cuál se te da mejor, cuál es más difícil, cuál te resulta más relajante y cuál de ellos te lleva a repetirlo una y otra vez sin cesar.

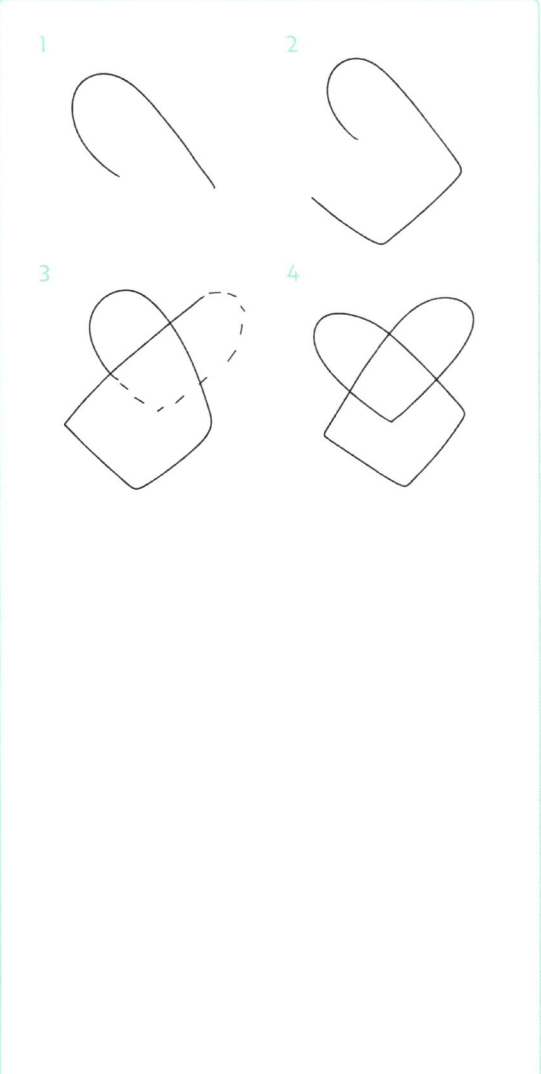

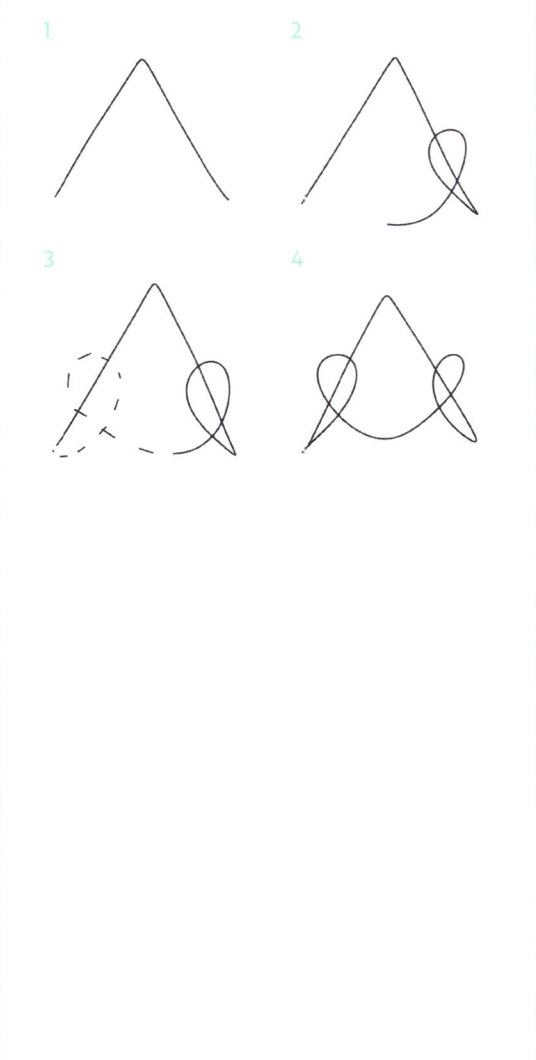

triple infinito

Traza esta forma con tres colores diferentes. Empieza por el azul celeste, sigue con verde y termina con azul marino. Si no dispones de esos colores, puedes usar otros.

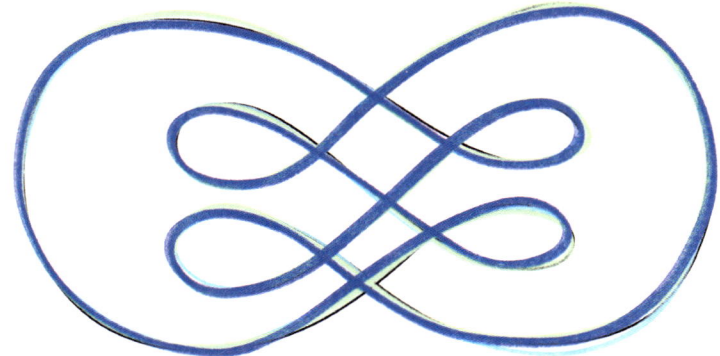

nubes de *loops*

¿Tienes demasiado estrés? Este ejercicio puede ayudarte. Traza las nubes de líneas punteadas para practicar; a continuación, llena toda la página de nubes de *loops*.

cadena libre

Las líneas onduladas nos recuerdan la flexibilidad y el dinamismo.
Observa cómo te sientes ahora y cómo te sientes después de hacer este garabato.
Es importante ir despacio y dejar que la mano se mueva con suavidad sin controlar
el resultado.

nudo meditador

Trazar nudos puede ayudarnos a trabajar la atención y concentración de una manera creativa. Además, evoca una sensación de balance y bienestar.

Este nudo se asemeja al de una persona sentada meditando. ¿Logras verlo?

Traza la figura en líneas punteadas varias veces con un color claro. Luego vuelve a trazar por encima con un color más oscuro. Cuando consideres que tu cerebro reconoce el movimiento que debes hacer para crear la figura, intenta trazarla por tu cuenta en el resto de la página.

tres diamantes

Este nudo es una simetría maravillosa que **te ayudará a traer tu mente al presente.** ¡Inténtalo! Recuerda que equivocarse es parte importante del proceso.

Al enseñar algo nuevo a nuestro cerebro, algo que por lo general no hace, creamos nuevas conexiones que lo mantienen activo y saludable.

nudos florales

Es el momento de realizar nudos florales. Son de mis nudos favoritos:
simples, sencillos y hermosos. ¿Probamos?

hope

A este nudo le han llamado *hope* (esperanza). Creo que se debe a las líneas que se cruzan en el centro expandiéndose hacia fuera como rayos brillantes, y al cruce de los bucles en cada rayo, que **se relaciona con el equilibrio, la fluidez y la ligereza.** La esperanza es como un rayo de luz que atraviesa la oscuridad, recordándote que las cosas pueden mejorar.

Practiquemos en pequeño y, en la página siguiente, te invito
a que crees tu «esperanza» en gran tamaño y a todo color.

esferas

¿Probamos algo un poco más complejo? No habrá forma de que tu mente divague en pensamientos ansiosos. Practicar con este nudo te ayudará a anclarte en el aquí y ahora.

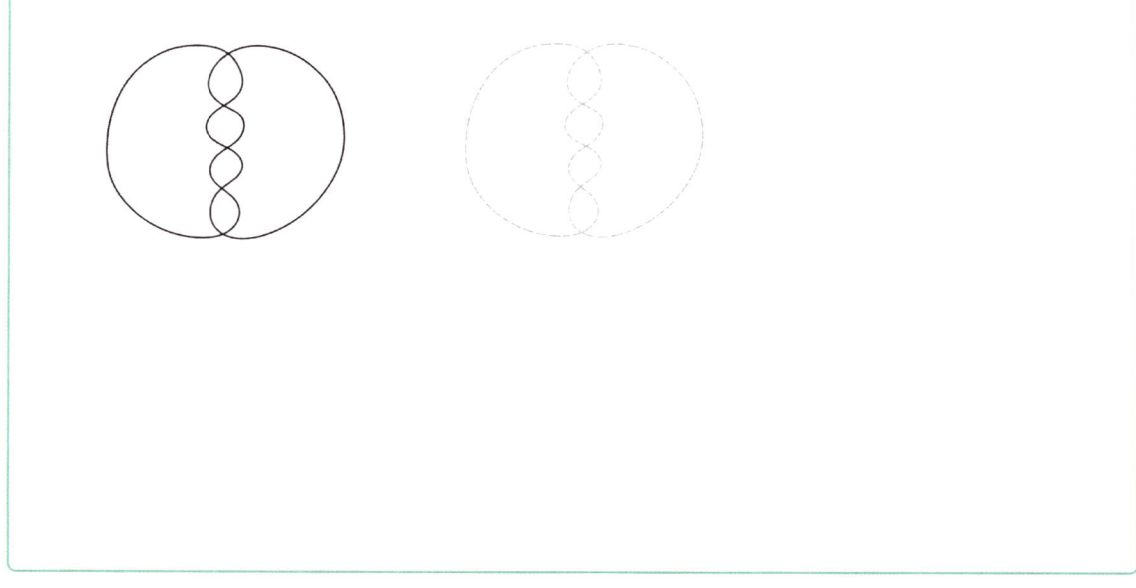

la mariposa

La mariposa es el símbolo de la transformación. Representa el deseo de una vida con significado. ¿Sabes cuándo fue la última vez que dibujaste una mariposa? Esta vez lo haremos en forma de nudo. Dibujarlas de forma sencilla como en estos ejemplos aporta sensaciones de libertad, de esperanza, de alegría. ¡Te va a encantar!

los cuatro corazones

Estos cuatro corazones y cuatro infinitos se unen en un lazo repleto de vida y significado. Juntos son la representación de las cuatro direcciones: norte, sur, este y oeste, conectando el amor con un sentido de totalidad y equilibrio universal.

Si lo deseas, puedes poner una música suave, en un volumen bajo, y dejarte llevar por el ritmo, mientras las líneas de este nudo fluyen y casi aparecen por sí solas.

la gallina

Para este ejercicio tendrás que convertirte en una gallina. Busca un bolígrafo y apóyalo sobre la gallina que está dibujada. Cierra los ojos e imagina sus plumas, sus patas, su pico. Cuando logres ver bien a esa gallina en tu mente, empieza a moverte libremente por todo el papel, imitando los movimientos que crees que haría una gallina. Escarba la tierra, come un gusanito, sal del corral, corre, da saltitos, aletea, picotea...

No abras los ojos hasta que hayas terminado. Si lo prefieres, puedes activar el cronómetro en tu móvil para que suene a los dos minutos. Si te ha gustado, puedes usar un bolígrafo de otro color para volver a intentarlo.

garabato feo

Elige los colores que menos te gusten y empieza a garabatear líneas y formas intentando que salga lo más feo posible. Este ejercicio te ayuda a soltar tensión y liberarte del perfeccionismo. Es uno de los ejercicios favoritos en mis clases.

garabato con objetos

Busca seis objetos pequeños y coloca cada uno de ellos dentro de uno de los círculos. Pueden ser unas piedrecillas, alubias o incluso bolitas de papel bien apretadas. Empieza a mover cada uno de ellos con la punta del bolígrafo hasta que salga del recuadro. Trabaja poco a poco y deja que el objeto guíe el camino sin controlarlo. Cuando hayas terminado, busca un bolígrafo de otro color y vuelve a empezar. Puedes repetir esta operación las veces que quieras.

fuera de la línea

Quizá nadie te había pedido esto antes: colorea fuera de la línea.
¡Sí, hazlo! Vamos a colorear estas figuras procurando salirnos de la línea.

¿Qué se siente? Anota en el recuadro todo lo que haya pasado por tu mente.

ejercicio de la mancha

En cada cuadrado se repite la misma mancha. Este ejercicio se centra en crear algo diferente a partir de cada mancha. Busca tus bolígrafos, lápices o ceras y empieza a crear.

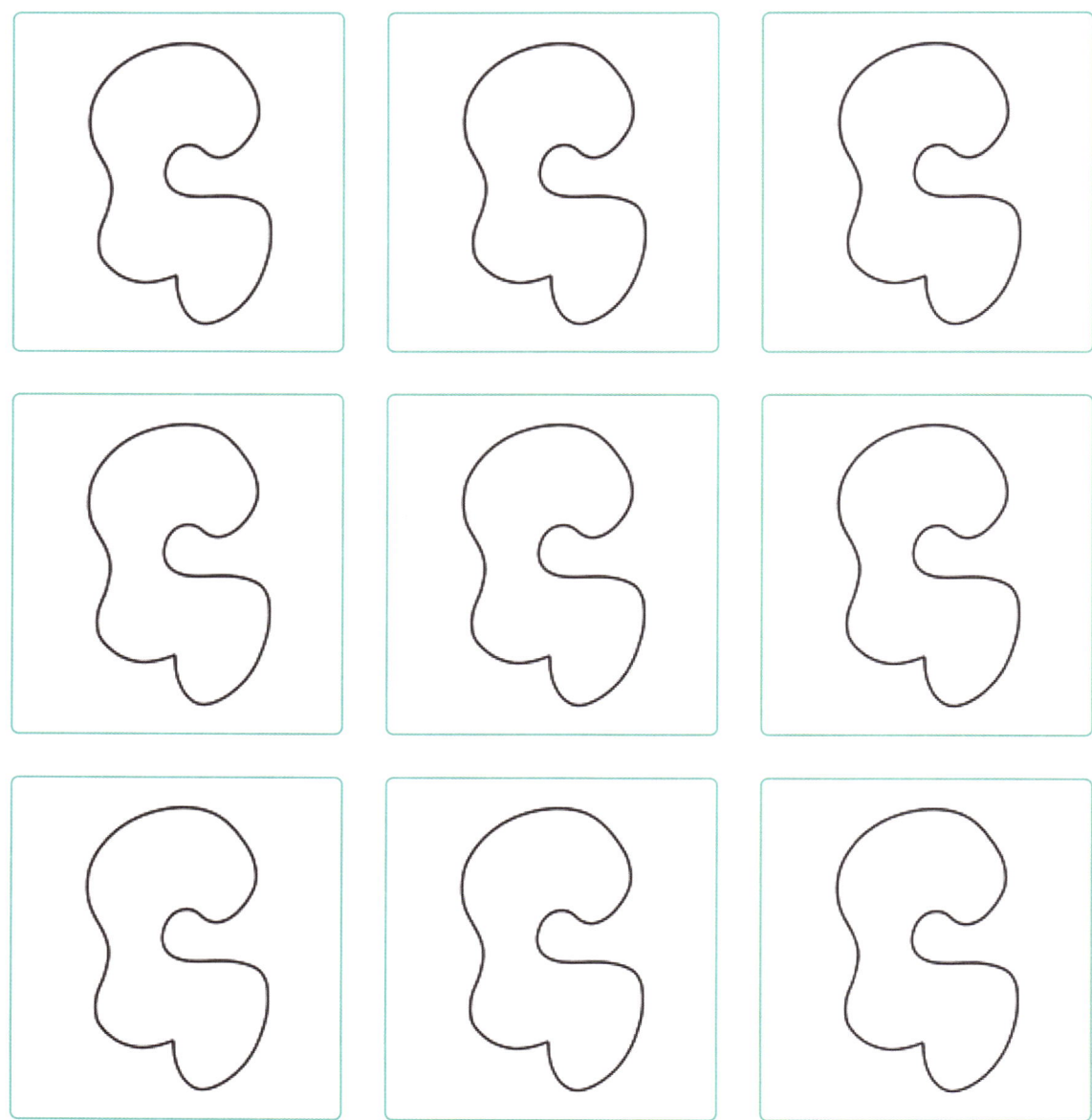

lluvia de colores

Está a punto de empezar a llover; sin embargo, las nubes no son negras,
¡sino coloridas! Dibuja la lluvia de colores. ¡De los que quieras!

ejercicio de círculos

Para este ejercicio, busca cuatro colores diferentes: tu favorito, uno muy claro, otro que te recuerde a la naturaleza y otro que pienses que no combina con el resto. Empieza a garabatear círculos de diferentes tamaños por toda la página. Solo recuerda ir combinando los cuatro colores.

Empieza con un círculo de tu color favorito, luego dibuja otro de un color muy claro; a continuación, otro del color de la naturaleza y al final otro de un color que no combine. Repítelo varias veces. Puedes pintarlos uno sobre otro, ser enormes o muy pequeños.

apila rectángulos

Aquí tienes una pequeña pila de rectángulos. Añade los que necesites hasta llegar arriba. Luego crea otra pila al lado. Para finalizar, coloréalos como desees. Es un excelente ejercicio para potenciar el orden y claridad en la mente.

como pez en el agua

Estas líneas parecen solo eso, líneas. Pero si te fijas bien, entre los cruces se pueden distinguir peces de diferentes formas y tamaños. Encuéntralos, añade las aletas, los ojos y los detalles y color de su cuerpo.

bosque de garabatos

La naturaleza es sanadora. Si estás cerca de una plaza o un parque, acércate a.lí unos minutos. Apoya la espalda en el tronco del árbol que consideres más bello o siéntate en un banco cercano y obsérvalo. Cierra los ojos e intenta escuchar el sonido de sus hojas y captar su olor.

Toma tu bolígrafo y **empieza a crear tu propio bosque en esta página.** No importa el resultado; haz garabatos y formas que representen su estructura, su sonido, su olor.

manchas o árboles

En esta página hay manchas de pintura.
¿Puedes transformar cada una de estas manchas en un árbol?

luz y sombra

En cada uno de nosotros hay luz y sombra. La luz es lo que mostramos al resto: nuestros valores, talentos, habilidades, creatividad y afecto. La sombra es eso que ocultamos, lo que negamos, lo que reprimimos o a veces ni siquiera conocemos de nosotros mismos. Cuando aceptamos esa dualidad, podemos empezar a sanar ciertos aspectos y a crear un equilibrio interno.

En este círculo representa tu luz y tu sombra con palabras, formas, colores y garabatos. Luego integra estos dos aspectos con nuevos trazos, colores y palabras que los unifiquen. Si quieres, usa el exterior del círculo.

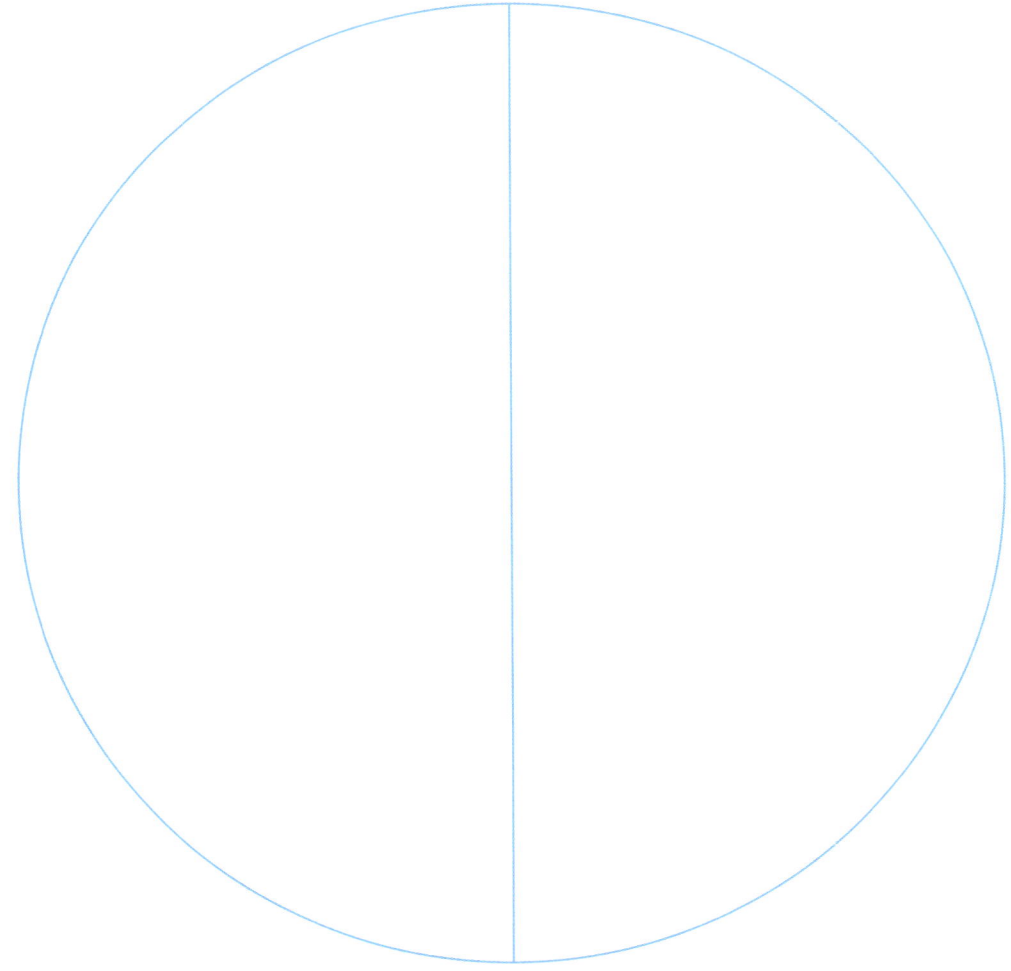

con los ojos cerrados

Busca un rotulador de cualquier color, cierra los ojos y haz un monigote: cabeza de círculo, y cuerpo, brazos y piernas de palitos. ¡No abras los ojos! Si has abierto los ojos mientras lo hacías, cambia de color y vuelve a intentarlo.

Hazlo en la página siguiente, según el modelo y con cinco colores diferentes, uno sobre otro, pero cada vez ve añadiendo más detalles: cabello, sonrisa, ojos, un sombrero; lo que quieras. Este tipo de ejercicio es muy simple, pero **es ideal para soltar el control.**

garabato continuo

Sin levantar el bolígrafo del papel, haz un garabato que ocupe cada rincón de la página. Intenta no hacer siempre el mismo movimiento; cambia el ritmo, la forma y el tipo de movimiento de la muñeca. Detente si te cansas.

la posición incómoda

Piensa en una posición que te resulte muy incómoda para dibujar. Quizá tumbado en el sofá, con el cuaderno debajo de la colcha de la cama, con los brazos cruzados, con el cuaderno en la cabeza, ¡todo es válido! Bueno, no pienses en alguna locura y termines con dolor de espalda...

Adopta esa posición y, de forma sencilla, dibuja lo último que has comido hoy; incluye todos los detalles que puedas añadir.

la línea móvil

Si te aburres con facilidad, este ejercicio te va a gustar. Esta línea está aburrida. Para ayudarla y darle vida, transfórmala. Pero debes ir poco a poco. Yo he hecho los dos primeros movimientos. Continúa.

Ctrl + Z

Ctrl +Z es el comando del teclado que nos permite ir hacia atrás, deshacer lo que hemos hecho en el ordenador. Imagina que vas a pulsar esas teclas e ir hacia atrás a cada paso que has hecho en el ejercicio anterior. Observa los movimientos que le has dado a la línea móvil por unos segundos, luego cúbrelo y no lo mires más.

Intenta recordarlos y trazarlos uno a uno hasta regresar de nuevo a la línea completamente horizontal.

relación

Haz un dibujo sencillo y rápido de cuatro elementos que se relacionen con el primero. Te dejo el ejemplo del árbol. No tardes demasiado en los detalles; un garabato es suficiente.

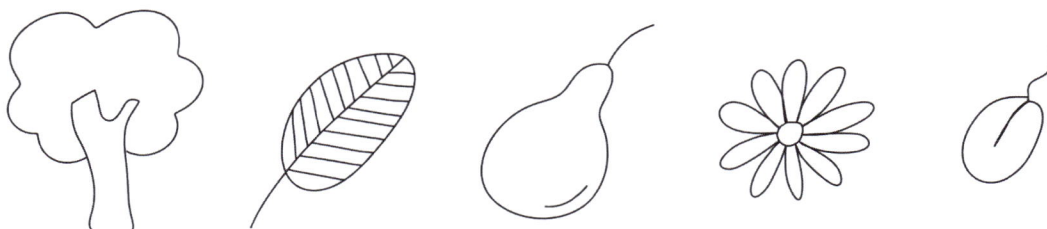

garabato desmemoriado

En el primer recuadro traza un garabato libre muy sencillo. ¡Muy sencillo!
Eso significa como máximo unos seis movimientos con la mano. Luego,
en el recuadro de la derecha, intenta reproducirlo lo más parecido posible.

Inténtalo otra vez. Si deseas que sea más difícil, aumenta los movimientos
a siete, ocho o nueve.

patrones en secuencia

Observa la secuencia de los patrones y complétala. Repite la secuencia debajo.

trayecto

Imagina que esta es la puerta de tu casa. Piensa en un lugar al que sueles ir, como, por ejemplo, el mercado, el gimnasio, la plaza, etc. Y, desde la puerta, traza el camino hasta llegar allí. Puedes cambiar de destino y visitar los lugares que quieras.

memoria de palitos

Este ejercicio activará tanto tu atención como tu memoria. Consiste **en ir dibujando palitos, primero de seis a uno y luego de uno a seis.** En esta primera doble página haremos algo sencillo para empezar.

Sigue el ejemplo en la página siguiente.

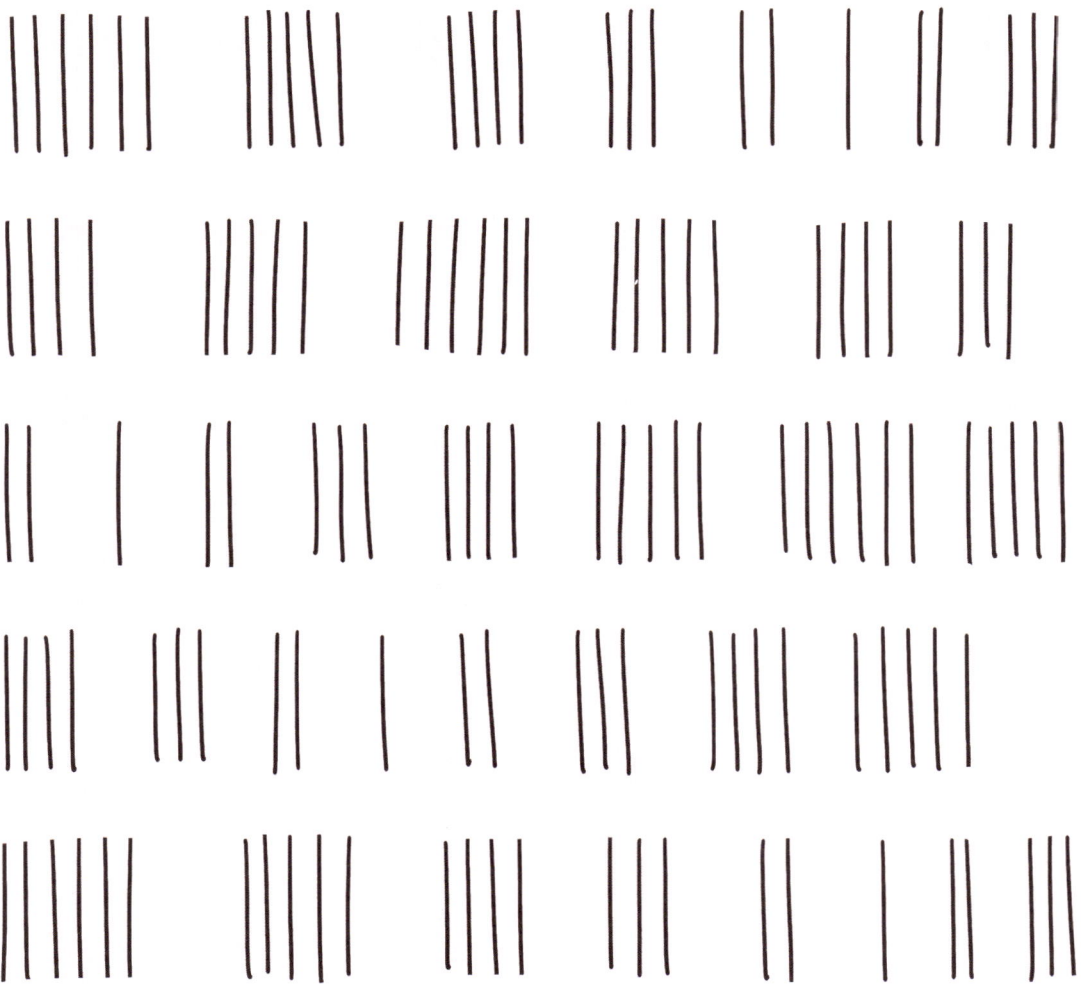

memoria de palitos 2

¡A que lo has hecho excelente! Ahora haremos lo mismo pero intercalando la dirección de los palitos en horizontal y vertical.

Practiquemos en la página siguiente de acuerdo con el ejemplo.

vista doble

Aquí **he hecho un garabato.** Obsérvalo con calma y tómate el tiempo necesario para reproducirlo lo más fiel posible en la página siguiente.

recuerdos en garabatos

Recuerda cuatro cosas agradables que te hayan sucedido hoy y represéntalas en colores y garabatos. Puede ser un dibujo sencillo o simplemente líneas y formas abstractas que lo simbolicen.

Si ha sido un día difícil y te está costando encontrar las cuatro cosas, piensa en lo más simple. Como, por ejemplo, algo que hayas comido, la ducha matutina, el saludo de tu vecino, la sonrisa de alguien desconocido o la carita de tu mascota.

la palma de la mano

Traza la silueta de tu mano en este espacio. Luego observa la palma de tu mano y añade todas las líneas que veas, hasta la más pequeña.

Cuando termines pasa al siguiente ejercicio.

ejercicio de la palma

Ahora haz un puño con esa mano que has estado observando de manera que las líneas no se puedan ver. Sin mirar tu dibujo anterior, traza todas las líneas que recuerdes.

¿Qué tal lo has hecho?

el abecé de los garabatos

Hacer garabatos con líneas continuas puede ser un reto al principio, pero después de unas cuantas veces, el cerebro empieza a acostumbrarse y vamos soltando la tensión que se asocia a tener que liberar el control y dejar de lado el perfeccionismo. Por eso los garabatos terapéuticos son como un gimnasio personal, donde nos vamos entrenando en el papel para luego ponerlo en práctica en nuestro día a día.

Esta vez vamos a jugar con el abecedario, haciendo un garabato de algún objeto cuyo nombre empiece con cada letra indicada. He empezado con las tres primeras. ¿Te animas a seguir?

garabato famoso

Busca una imagen o recuerda un cuadro famoso que te guste. Intenta reproducirlo con garabatos y, a ser posible, sin levantar el bolígrafo del papel.

Busca los rotuladores o lápices que necesitas y empieza con el color más claro. Si, por ejemplo, es el amarillo, trabaja con garabatos simples y sin levantar el bolígrafo de todas las zonas o elementos de ese color. Luego pasa al siguiente color, hasta que termines. Aquí te dejo el que yo he creado.

¡En la próxima página hay un marco especial para tu obra!